菩提心語（Ⅰ）

心燈・空弦

一無　著

自序

哲學是現今濁世中，一絲芬芳的氣息！

只不過，哲學並不是一種宗教的信念或教條，也不是一門專門的學問或素養，而是一種生活的智慧與態度；舉目所見、細瑣事物，皆有其深切意涵，大自然就是我們最佳的生活導師。雖然顯而易見，卻需有一顆敏銳易感的心，一顆脫俗寬容的心，最重要的是需有一顆無我的心，才能在塵凡的世間，有獨到清新的思維！

大自然不語，卻默默傳教。教導我們隨順自然及無我之道，宇宙自然之中自有平衡，此無形力量，眼睛雖不見卻恆久存在。好比浩瀚的大海，悠游其間的小魚兒，卻從未知大海的存在；無際的藍天，遨遊其中的浮雲也未曾與它謀面；人類生活在自然之道裡，卻也對它一無所悉！

可歎的是，人類正朝著違反自然的路上走去；顯而易見的，未來前途必將愈來愈坎坷。大自然力量的反撲，豈是渺小無知的人類所能預料。人類的征戰像是那波濤翻騰的大海；亙古迄今的私慾，像一陣陣颶風狂飆，掀起一波波永無止息的波濤！

我們的教育忽視了生命真義的教育。從出生的那一刻，人們便該被引導去找尋人生真理之所在，生活的價值，生命的歸趨——這是一個人的核心！找到了，才可說是真正的出生，才具備了真正的生命，也才不虛此行。

　　生活要輕輕鬆鬆、快快樂樂，你也可以做個人世間的快樂神仙，笑盡天下可笑之事！乍看是對的事，眾人贊同的事，要再一次深思，因為它只是符合了某些利益，而未必就是真理。依此觀之，天下諸多似是而非之事，不免教人哈哈大笑！

　　花開了就綻放芳香，願這香郁之氣，飄蕩天地之間，帶給塵凡一絲芬芳的氣息。

目錄

自序 3

心燈 13

詩人 14

心的滋味 15

心的饗宴（1） 16

心的饗宴（2） 17

生命謳歌（1） 18

生命謳歌（2） 19

生命謳歌（3） 20

感（1） 21

感（2） 22

感（3） 23

感（4） 24

感（5） 25

感（6） 26

感（7） 27

感（8） 28

感（9） 29

感（10） 30

感（11）..31

感（12）..32

感（13）..33

感（14）..34

感（15）..35

感（16）..36

感（17）..37

感（18）..38

感（19）..39

感（20）..40

感（21）..41

悟（1）..42

悟（2）..43

悟（3）..44

悟（4）..45

悟（5）..46

悟（6）..47

悟（7）..48

悟（8）..49

悟（9）..50

悟（10）..51

悟（11）..52

悟（12）..53

悟（13）．．．．．．．．．．．．．．．．．．．．．．．．．．．．．．．．．．．．54

悟（14）．．．．．．．．．．．．．．．．．．．．．．．．．．．．．．．．．．．．55

悟（15）．．．．．．．．．．．．．．．．．．．．．．．．．．．．．．．．．．．．56

悟（16）．．．．．．．．．．．．．．．．．．．．．．．．．．．．．．．．．．．．57

悟（17）．．．．．．．．．．．．．．．．．．．．．．．．．．．．．．．．．．．．58

悟（18）．．．．．．．．．．．．．．．．．．．．．．．．．．．．．．．．．．．．59

悟（19）．．．．．．．．．．．．．．．．．．．．．．．．．．．．．．．．．．．．60

悟（20）．．．．．．．．．．．．．．．．．．．．．．．．．．．．．．．．．．．．61

悟（21）．．．．．．．．．．．．．．．．．．．．．．．．．．．．．．．．．．．．62

悟（22）．．．．．．．．．．．．．．．．．．．．．．．．．．．．．．．．．．．．63

悟（23）．．．．．．．．．．．．．．．．．．．．．．．．．．．．．．．．．．．．64

悟（24）．．．．．．．．．．．．．．．．．．．．．．．．．．．．．．．．．．．．65

悟（25）．．．．．．．．．．．．．．．．．．．．．．．．．．．．．．．．．．．．66

空弦．．．．．．．．．．．．．．．．．．．．．．．．．．．．．．．．．．．．67

無名子．．．．．．．．．．．．．．．．．．．．．．．．．．．．．．．．．．．．68

極樂國度．．．．．．．．．．．．．．．．．．．．．．．．．．．．．．．．．70

勿癡迷．．．．．．．．．．．．．．．．．．．．．．．．．．．．．．．．．．．．71

生命之歌．．．．．．．．．．．．．．．．．．．．．．．．．．．．．．．．．72

自性彌陀．．．．．．．．．．．．．．．．．．．．．．．．．．．．．．．．．73

空性．．．．．．．．．．．．．．．．．．．．．．．．．．．．．．．．．．．．．．74

生死輪．．．．．．．．．．．．．．．．．．．．．．．．．．．．．．．．．．．．75

道中人．．．．．．．．．．．．．．．．．．．．．．．．．．．．．．．．．．．．75

菩提心語

自覺 76

成佛頌 76

詩意 77

逍遙偈 78

圓緣 79

夢遊 79

無修證 80

無一樂園 80

妙音 81

無住自安 81

禪心樂 82

福田 82

贈父親逸德居士 83

俱是 83

本然 84

藏性 84

空花 85

活佛即心 85

隱者 86

柔情似水 86

一切都美 87

佛子 87

不可言處 88

如如本性 88

自在人 88

一無一 89

存在之美 89

借假修真 90

乎伊去 90

愛彌陀 90

金剛佛種 91

菩提何物？ 91

自心佛 92

自強不息 92

師徒愛 93

妙心 93

自然法 93

演愛 94

幸甚 94

世人 94

贈無一 95

如常見 95

不增不減 95

無一法得 96

贈慧一達一 96

象棋王子 97

菩提心語

空境 97

心勒 98

一如 98

遍覺 98

遍在 99

淨心香 99

無一調 99

偶遇奇僧之一 100

偶遇奇僧之二 100

獨行俠 101

放下菩提 101

虛空不動 101

贈心勒 102

空寂 102

贈象棋王子 103

知音難遇 103

真心何物 104

回歸 104

破 105

苦口婆心 105

沒有祕密 106

無一是處 106

當機 107

迷霧 107

感念師恩 108

傻人 108

故人調 109

唯知音 109

自在行 110

逍遙 110

空見 111

無染覺性 111

心海妙 112

真如不變 112

慧命 113

燃眉 114

空有大師 115

法輪常轉 115

簡譜歌曲 117

　　無一調／逍遙歌／處處是家／笑看人間

　　幸福寶貝／快樂小孩／靈光乍現／快樂神仙

心燈

一燈能除千年暗

一戒能滅萬年愚

詩人

※詩人把感覺當作眼睛，詩人的心就是她的世界。

※世界上沒有了花花草草，就剩下龐大可怕的空虛；
　若沒有了詩人，世界將只是黑白，沒有色彩。
　詩人就像花花草草，好像只是點綴，
　好像醇酒一小杯，不能令人醉，
　啜飲一口，卻深深陶醉。

※詩人們的心沒有距離；因為她們知道，心——其實
　比科學更具體，比歷史更傳真，比光速更迅速！

※一點都不需要驚訝：世界上有百分之九十九的人，
　都在抄襲和模仿；
　而只有百分之一的人，
　懂得自創。

※上帝一定偷懶了，才把顏料和彩筆交給了詩人；詩
　人最天真多情，她用天真作背景，用多情爛漫來作
　畫，世界上就出現了笑聲、掌聲和驚呼聲。

心的滋味

　　喧囂的世界，有人品嚐著喧囂的寂靜，有人啜泣於喧囂中的孤獨，有人習慣醉飲喧囂，唯醉翁之意不在酒；其實怕面對真實自我！

　　說謊──只有騙人一分，騙自己九分；只有騙人一時，騙自己一輩子。

　　快樂──化成夜市攤販一雙雙忙碌的手；化成一張張品嚐美食的大口；化成一聲聲偶像崇拜的流露；化成一個個深情的眼眸，快樂──其實沒有任何道理，其實決定在你自己。

　　憤怒──常常說來就來，他是個蠻橫的傢伙。一不小心就被他牽著鼻子走！

　　禮貌──有時是彬彬君子；有時是另有所圖；有時是表面功夫；有時是不得不如此。

　　祝福──如久旱之甘露，盈滿一心的滋味！

心的饗宴（1）

　　海闊天空般的感覺，飛鳥自由自在翱翔天際，浮雲盡情的空中漫舞，這種種喜悅心境，真是人世間少有的滿足與快樂！

　　想笑時，不需遮掩你的笑容，那是最快樂的時候！想哭時，不要止住你的淚水，這樣悲傷才不會藉機停留！生氣時，查查它的來處；煩憂時，看看它的歸處！久而久之，就會真情流露。

　　生氣時便生氣，但需知道自己正在生氣，但生氣的並不是自己清靜本性。

　　時時關心──要先觀照自己的心，時時清楚，才真正有能力去關心別人！

　　心中喜樂，如人飲水只有自知，心底的明白也是那一口口入口的清涼！

　　心中的妄念，似飛瀑奔流，如狂奔亂馬，無須跟隨，不需駕馭，只要看著你自己，你有一顆不動的真心！

心的饗宴（2）

　　森林裡的大樹們焦急的說：「看！人類拿了好多武器，他們真是殘忍的傢伙！」「難道他們看不出來，我們全身都在顫抖？」「可惜他們的感覺和聽覺，都沒我們敏銳，這樣他們就聽不見我們的哀求，也可以不對我們慈悲！」

　　沒有人真正願意愛別人，除非他真的懂得愛自己；因為有足夠的能力愛自己，才會有足夠的勇氣去愛別人。

　　知己──只有億萬分之一的機率。難怪管仲、鮑叔牙之交，鍾子期與伯牙之美，成千古傳頌！

　　心是直覺感應，電光火石的那一剎那；不要談別人的感受，別人永遠不是你，談論別人的時候，你已在地球絕跡，要戒慎恐懼！

　　不知而行，是無知之人；三思而行，乃凡夫之人；知行合一，是上上之人。

　　我想對神燈精靈許三個願望：「一願天下人都忘了他自己，二願每個人都忘了天下人，三願天下每個人都沒有願望」

生命謳歌（1）

※生命是一首快樂的歌，要唱出來，唱出喜悅，唱出
　豐富的生命！

※世上有千萬種人。不過，其中分為兩大類，一種是
　機器人，另一種是木頭人。機器人——聽了命令就
　執行；木頭人——有了命令也沒反應。

※如果生命是一首歌，那麼，心就是它的旋律，和著
　悠揚高低的曲調哼唱，隨著輕緩快慢的節奏起舞，
　生命之歌多麼和諧美妙。

※如果你要到北方，就要學會看往北的指標。那麼，
　不管你用什麼方法去都不重要，搭飛機固然很快，
　卻只見晴空萬里。搭車雖然很慢，卻可以看遍周遭
　景色！

※生命是條勇往直前的湍流，不要想著逆流而上，否
　則只會吃盡苦頭。隨著漂流，你會有強大的助力；
　隨著漂流，你會看盡千山萬水，隨著漂流，你可以
　聽見萬物正為你高歌！

※不要去想，想就有了時間。有了時間，生命就不再
　歡唱！

生命謳歌（2）

※不論是高峰的瀑布或是地表的冷泉；不論是浩瀚的大海或是潺潺的溪澗，都唱著同樣的一首歌！

※生命有著無限的驚喜──即使你的境遇在別人眼裡十分不堪，也不要因此失去一顆世上的珍寶──歡唱著的──心的旋律。

※不要因為丟了你的斧頭而悲傷，也許斧頭正高聲的歌唱！

※枯的樹對榮的樹說：「我可以從你身上看見從前的我，你也可以從我身上看到未來的你。」

※轉一個彎，也許眼前的風景，會讓你大吃一驚！

※不要一味的害怕歲月刻畫在臉上的痕跡，更要在乎的是心理年齡的老去！

※你就是上帝的傑作！也許你自己永遠不滿意，但試著去相信和接受，你是上帝的唯一，有了你，才顯出世界的美麗！

生命謳歌（3）

※生命之流淙淙，分秒奔逝；任地老天荒，任白雲蒼狗，任引吭高歌，任藉酒澆愁，生命之流依舊故我！

※懂得捨棄的人，其實是懂得挖掘寶藏的人。收集的越多，寶藏就被掩埋了，只要一件一件的丟棄，寶藏就可以重現光明。

※龍鳳雖美，無人曾見。雖不曾見，人嚮往之！人人心中，亦有龍鳳神珠，只需靜心便可觀照！

※旅途中叉路很多，高山險阻、誘惑重重。有時一帆風順，有時千鈞一髮，都只是旅程中一段雪泥鴻爪的回憶。

※如果你高歌，悲傷將逐漸銷聲匿跡；如果你哭泣，幸福就會悄悄的離去。

※倘若你愛花，花便為你而綻放；倘若你討厭花，花便失去芳香！

※你可以髮蒼蒼、視茫茫，卻仍保有孩童一般純真的笑靨！

感（1）

※風雲交會之際，彼此傾訴了多少愛語？連天地都為之動容，不自覺潸潸落淚，連搖曳的葉子也承受不住沉重的感動，悄悄地依偎在大地的懷抱裡，惹得大地的眼睛都哭紅了！

※春天，是快樂的小孩；夏天，是熱情的青年；秋天，是含羞的姑娘；冬天，是結婚的夫妻。

※每個人的生命，像一首首不同風味的詩歌。也許充滿離別傷痛、歡欣和沮喪，但要欣賞詩歌的優雅，它有一種不可言喻的美！

※捨得，捨得，「捨」即是「得」；得失，得失，「得」即是「失」！深思！深思！

※想聽見針線落地的聲響，必須讓每個細胞都安靜下來。

※心靈相通的那一刻，時空消失了，世界上所有一切，也幻化不實了！

※當你在乎世界時，早已迷失了自己；發現自己，才真對世界有益！

感（2）

※沒有目的地、只是輕鬆的走著，才會發現小草上掛
　著的一顆顆晶瑩露珠。

※不必期待掌聲，通常是噓聲比較多；如果你夠成
　熟，那麼，掌聲和噓聲，都不能把你左右。

※美好的回憶，只有一次不會重來；痛苦的回憶，只
　有多一次傷害；聰明的你，何不把握現在！

※高山上的水，總要流向大海，因為高山太高、太陡
　峭，而大海夠低、夠寬廣。

※不要因為愛聽鳥叫，就把鳥抓來；鳥是唱歌給天空
　聽的，不是唱給你聽的，牠是個自由快樂的歌者！

※要學著獨處，去了解自己並善待自己，就算沒有了
　世界，你也不覺得孤獨，那麼生命就昇華了不少。

感（3）

※親愛的，如果你要走，請收下我的祝福和花朵，希望我燦爛的笑聲陪你到永久。

※信心，是一盞光明燈，指引著你在崎嶇黑暗的人生道路上踽踽而行。

※沒有快樂，不是因為自己得不到，而是你不知道自己的快樂，任誰也無法剝奪。

※信心，是人生道路上的光明燈；快樂，則是踏上正途的標誌！

※心中都是別人，痛苦由此而生；心中全是自己，終歸害了自己；看清自己，放下自我，才能活出生命的真義！

※當你一想到自我，世界頓時就變得複雜了。

※生命太枯燥，不要徒增無謂苦惱，沒事就笑笑，可以殺死致命的細胞。生活只是一場遊戲，不要太過緊張兮兮！

感（4）

※臨渴掘井，解不了渴；頭痛醫頭，治不了痛。

※滾滾水流無意肆虐，只是順著低勢流，它不懂人類
的用心，不知道什麼是進步，只是順著大自然的節
奏，依舊唱著快樂的歌。

※倘若一個人能因自己什麼都不會，而感到自在與快
樂，那麼她必定是天底下最快樂的人了！

※在繁星點點的浪漫夜空，不要去祈禱黎明的來到！

※就算你祈求河水，它也聽不懂你的話語，而改變它
的旅途。除非，人們自己能夠聽懂河水的歌曲！

※從古至今，已經有太多太多的語言和知識，但是，
關於「智慧」，我們還是缺乏和生疏。

※甚至小至螢火蟲的光亮，也有屬於自己的光芒，也
能帶給人們喜悅與驚嘆。

感（5）

※天上的浮雲和大海裡的游魚，都是自由的，只不過
魚兒不能了解，為何浮雲沒有朋友還能自由自在、
快快樂樂？

※甚至，你連自己會欺騙別人，也已經習慣而無法自
覺？

※往天堂的路，只能以誠實的心做指標！

※你是生命的舵手，儘管風雨飄搖也要掌穩舵。

※美麗的星，可知我正望著你，雖然我不知你的名
字；雖然相隔億萬光年的距離，可我倆同在這宇宙
旅行。就在這凝望的一剎那，我深深為你的神祕而
著迷，不知是否你也能知我？

※就算這世界上只剩下一個人，也會有千萬種奇怪的
想法；何況現在，人類已經努力繁殖了六、七十億
的同類，世界又怎麼可能不複雜？

※要讓智慧顯露，而不要一味填塞知識。

感（6）

※歐洲、美洲和亞洲；蘇俄、美國和中國；東京、巴黎和倫敦，地球萬物，共用了一個太陽。人類要和人類彼此共存；人類要和動物彼此共存；人類要和植物彼此共存；人類要和自然彼此共存；人類要和宇宙彼此共存；人類要學會用真智慧，更寬廣的心，彼此相尊彼此相愛！

※恐龍雖然早已滅絕，卻曾在地球上，叱吒了一億五千萬年；自以為聰明的人類，只不過兩百萬年，就可以改變地球的一切，也許還沒查出恐龍滅絕的真正答案，人類就已滅絕！

※每個政治人物都說要為後代子孫著想。但是，卻不見他們願意立刻放棄自己的利益。

※有時候別人說你熱心，其實只有自己心中才真正明白；有時候別人說你有理，其實只有他的心中才真正明白；有時候，要聽聽自己的心裡到底怎麼說！

※想說的時候說，想做的時候做，不要刻意說，不要刻意做。

感（7）

※每個人的意義皆不相同：生命的意義不同，所以生命的追尋不同；生活的意義不同，所以生活的態度不同。

※就算他選擇了坎坷不平；就算他選擇了迂迴前進；也不要把他當作是你自己，而為他做了選擇，因為他有選擇的權利，他對生命的追尋有著自己的看法。

※要引導別人如何看待事情，而不要替他判斷與抉擇；要告訴他承擔自己選擇的結果，而不要幫他逃避後果。

※如果你想從別人身上獲得任何東西，那麼，不管你擁有多麼美好、令人稱羨的權貴，你依然只是個窮苦的乞丐。

※這個世界，其實不允許佔有，只歡喜分享！

※熱情的太陽是大家的；璀璨的星空是大家的；蔚藍的海也是大家的；地球上的一草一木都是大家的；那麼還有什麼好爭？還有什麼好抱怨？

※再仔細看看，每一個人的優點其實都是她的缺點；而每一個人的缺點其實正是她的優點，這個無常世界，豈不妙哉！

感（8）

※個性和習性就像酗酒和抽煙，怎麼也戒不掉——除
　非你知道大限之期已到。然而已悔之晚矣！

※留不住璀璨的春；留不住縱情的夏；留不住浪漫的
　秋；留不住神祕的冬；更留不住你嘴角那一絲絲甜
　蜜的笑容。

※壓抑自己的情緒，就像埋藏一顆顆炸彈在自己家
　裡；隨時有炸傷自己的恐怖後果。

※不要光學習與人相處之道，還講得頭頭是道。也
　許，你最害怕自己獨處。

※沒有與虎搏鬥的勇氣，就不要貿然進入虎穴！

※因為你去選擇，所以事情就變得不單純了！

※這個世界已經給得太多，但是卻沒有人衷心感謝！
　我不知道這奇妙世界如何產生，卻可以知道她將如
　何滅亡！

感（9）

※如果你只顧著自言自語，將聽不見雀躍的鳥兒，正在枝頭歌唱。

※風是自由的使者，來去自如，飄忽無蹤，她不接受任何的邀約。

※停留——讓頭腦一片空白，誰能記得自己，誰能記得時間！

※一個人真正的不足，是智慧不足；一個人真正的貧窮，是慾望無窮！

※天底下最好笑的一件事情，就是——真理總是和你的想法背道而馳。

※每一個人心中的千萬種雜亂的思緒，猶如狂風驟雨中倏然飄落的雨絲。匯流成萬馬奔騰之勢的急湍，一股腦的向著大海奔流。大海上有的是無盡的波濤，殘酷而枯燥就是它的最佳寫照。

※沒有人準備放棄自己，那麼天下就沒有真正可歌可泣的愛情。

感（10）

※不管你幾歲，選擇一條陌生的路走，應該都有一些
　膽怯。而那的確需要一份勇氣與智慧。

※是應該做個被社會接受的人，還是做個勇於挑戰社
　會的人，一切都在於你自己。但先決條件是，你能
　接受這樣的你。

※有些時候說了也是白說。因為人們只喜歡談論，並
　沒有打算改變。

※人類之所以討論和平相處之道，乃因彼此不願相
　讓。但願意討論和平總比相爭要好很多。

※等到世界和平真正到來的那一天，天底下一定沒有
　任何好搶、好爭的！

※這個世界上倘若只剩下你一人，那麼你就成了天下
　第一，你就能獨享全天下所有的快樂！

※有時做美夢、有時做噩夢，人們卻享受如夢般的人
　生，而不願覺醒！

感（11）

※聰明的人喜歡為大家建立一些教條與規範——一些看起來合理而沒有破綻的東西——好讓自己獲得美名和利益，好讓一切看起來順理成章。

※玫瑰花一定很慶幸自己身上布滿著荊棘，可以謝絕那些不屬於自然的訪客！

※如果人們真的那麼容易被教育和感化，那麼今天大家就不會大聲疾呼教育改革了。

※如果教育要改革那麼應該革除掉什麼？應以誰為出發點？以什麼方向為指標？是不是只要努力航行就能在怒海中，平安抵達目的地？

※無以計數的煩惱，如塵埃般以非常微細的腳步，悄悄地堆積在人們不經意的思緒裡，是幸或不幸？人們竟不知它們的存在與可怕！其實它是一場無形的土石流災難！有的人已經深深為它所苦，有的人仍對它不知不覺或視若無睹！我只知，大自然的循環，終有一天它必將會反撲！

感（12）

※天底下並沒有完美的人，也許是因為我們都不知道
完美的標準；每一個人都有他一套美的標準，然
而，這些標準都不很標準！

※小草歡欣地迎接朝露，晶瑩的露珠上閃著小草興奮
的感激。這樣一種知足的喜悅，已經變成一種奇
蹟！

※我們總是從自己的眼光去看別人；從自己的立場去
看社會；從自己的國家去看世界；從自己的星球去
看宇宙！難怪我們看出去的一切都走了樣、變了
調！

※宇宙本是神聖而浩瀚的，但你必須清楚，自己就是
一個神聖而浩瀚的小宇宙！

※有些人的心，小得可憐；小得連一根針都容不下。
於是，他也讓自己沒了容身之地。

※現在經濟越來越窮，志氣越來越短，方向越來越模
糊，情緒越來越不穩定，總有一天谷底會清楚呈
現，那時，人心才會求提升！

感（13）

※登上山頂，就可以把山下的風景一覽無遺，神木看起來也不雄偉了，山腳下的人群和景物，都遠得虛無縹緲了起來；遠得像一幅畫；遠得像天邊那一抹雲霞！而腳下的巨岩，似乎也少了那不可一世的逼人氣勢。然而，差別只在山的高度，而不在人的高度！但，人往往一上了山，就莫名興奮起來，被美景所惑，於是一時迷失了自己！

※在真實的世界中，沒有任何一個自己以外的人，有權代表你自己。喜怒榮辱、哀懼愛惡，只能你單獨一人感受，就算別人想分享也無能為力！

※真正幸福的人生，是自由的、快樂的、分享的，不是責任的、苦悶的、擁有的；是不去思維的，不是戰戰兢兢的；是符合自然的，不是強力人為的！

※自然，就是了解道理然後順著它走。雖然有時會遲疑和迷惑，但需要信心和勇氣，走下去才有希望，才看得見未來！

感（14）

※月光，悄悄地把愛灑落人間，她從不問你是否欣賞
　她，只是一再地給出她盈滿的愛！

※瀟灑的風，高唱著流浪者之歌，呼嘯而過，他和雲
　彩一樣，都是令人稱羨的自由過客。究竟是風追逐
　著美麗的雲彩？還是美麗的雲彩躲避著風的糾葛？

※上帝是公平的，只看你是否願意接受。

※大地的顏料雖然豐富，卻畫不出愛和慈悲。

※別讓憤怒沖昏頭，也別讓高興沖昏了頭。

※海面上波濤洶湧，海底下也是暗潮不斷，廣大的人
　海，也是這般模樣！

※才能較高者，十分滿意自己的多勞；才能較低者，
　非常歡喜自己的悠閒，這個世界將會多麼美好！

感（15）

※人們喜歡讀詩，因為詩很美，但是卻又說它不切實際；你使你的生命很實際，夢想都很實際，但是卻一點也不美。

※孤燈用它微弱的光芒，與黑暗對抗，讓人類溫馨、充滿希望！

※螢火蟲不會自卑於自己那一點點微弱光芒，而不與月光共舞。

※勇敢的人懂得盡其在我，有智慧的人不會為外界所動。

※烏雲聚集再聚集，炎熱的大地不再瘋狂，變得和緩溫柔了許多，颳起風、揚起塵，雨絲答答地飄下，大地變化成一個女人的臉，值得細細地品味。

※雨後，樹林歡喜地傳唱著一曲曲清涼！風歇了、雨停了，唯一不止息的──只有寧靜。

※人為的力量只可創造出有形世界。無形，似乎較柔弱；有形，似乎較剛強，但眾人皆知，柔弱更勝剛強！

感（16）

※你化成一陣風，來去無蹤，任我追逐行蹤。有時風
　起雲湧，似與我共舞，舞出天地的曼妙；有時了無
　蹤影，彷彿世界停止了呼吸，大地一片死寂。原
　知，風本是浪者，只是過客，無須追逐，就聽其自
　在的在宇宙間悠遊唱歌！

※深愛風的瀟灑，費盡心思，才知追風只是癡傻！我
　只消席地而坐，便得一片浮雲藍天，擁一樹綠蔭清
　涼，嗅遍地花草芳香，才驚覺——這原是風的故
　鄉！

※雨裡，有風的味道；花裡，有風的舞蹈；窗裡，有
　風的溫柔；心裡，有風的想望；有風，便可以飛得
　好高好遠！

※過往的夢境，是倒帶的影像，是消散了的雲彩，是
　葉尖滑落的露珠，過往的一切，都回到了「空」—
　—如同它由「空」而來。

※茶香滿溢的午夜，聽一曲寧靜的樂章，心塵也一點
　一滴的飄散，身子輕盈了起來，有一種飄飄欲仙的
　喜悅！

感（17）

※上帝為了考驗你的仁慈與智慧，所以給了你父母和小孩；給了你總總的優缺點；給了你總總的順逆境。

※悲傷、愁痛、恐懼、驕傲、憤恨和快感，一切情感都只是癡人說夢。大夢初醒之人，知道那終究只是一場不實的夢。

※果真讓你中了樂透，你一定想立刻辭了工作。除非，這個工作還令你別有所圖。

※每一個人真正能夠尊重別人，不去干預別人的時候，才有真正的自由。

※流動的水唱著快樂的歌聲，沉靜的池水一片死氣沉沉！

※天上的鷹啊！那銳利像發了光的眼神，那翱翔展翅的英姿，教我忍不住看得發癡，心靈的喜悅與震撼，一下子就得到滿足。

※生也有涯，知也無涯。有涯追無涯不免癡傻，活在當下是真智慧。

感（18）

※懷念那輪圓月，在那澄澈寧靜的夜，再沒有人比得
上你的美，再沒有人比我陶醉，我努力的想把你印
在心田，好分分秒秒回味。

※當雲兒遮蔽了你完美的臉頰時，我會默默的等候，
等候你微微透出半遮的臉，那朦朧含羞的笑靨，足
令煩憂盡卻，世界只能相形失色！

※就算妳只是一株不起眼的小草，就算從來喚不出妳
的名，我依然天天來到妳身邊，靜靜看著妳隨風搖
曳，給妳衷心的祝福與喜悅。

※這朵玫瑰傳送了古今多少相思纏綿，涵藏了多少心
酸血淚；正因妳不可抗拒的美，讓我一次次甘心冒
險，為妳傷痕累累！

※綿綿的細雨，輕飄飄的躺在黑夜中大地的懷裡；從
此，可以深深的休息，等待時機高唱〈浪濤曲〉。

※希望世上千萬億顆心燈，能照耀出自己的光芒，希
望愛的天使照亮全世界每個地方。

感（19）

※太陽給出他的熱情，大地總是盡情的享受，春雨潤澤大地，花花草草總是爭奇鬥豔，親愛的，你只需要悠閒的喝著咖啡，欣賞這一切。

※倘若我有，唯一的理想——-就是「沒有理想」。

※找一找快樂時候的那個你，找一找生氣時候的那個你，找一找痛苦時候的那個你，找一找恐懼時候的那個你，你自己到底跑到哪兒去？

※好像我就是那偉大的畫家，滿天的雲彩由我揮灑，揮灑出自由奔放柔情與浪漫，揮灑出風雨來前的詭譎和雨後天青的率真，喔！是的，我們可以天天一起作畫。

※放下一切，不是因為任何理由，而是看見自己消融在如虛空的存在裡，其實沒有誰需要放下，沒有什麼被放下，也沒有被放下的事物。那，只要清楚的了解就足夠了！

感（20）

※你可以決定讓自己擁有一個痛苦的世界，或是一個快樂的世界。問題在於——你常常忘記你的世界，其實是自己去創造出來的！

※放棄追逐，然後你的世界就會豐盈許多；沉澱下來，而後你的智慧才能展現。

※有沒有想過，其實讓人難過的是，他缺少一顆同理心；有沒有想過，其實我自己也同樣有此一病！最重要的是整個世界都生病了，真該打一支「愛」的強心針，才能對「親愛的」擠出一個強顏的歡笑！

※當溫柔的春風撫摸著臉時，我就成了可愛的小女孩，只能用微笑來回報，盡情徜徉在她的懷抱；當呼呼的冷風狂飆而過，我就撿拾熟透了的紅葉，細細典藏，豐富我的生命扉頁；我、風、葉、與世界上一切一切，共同呼吸，共同生活在這美好的此時此刻。

※除非你願意，否則沒有人能把你的快樂帶走，但你需找到那快樂的源頭！

感（21）

※你的謊言就算再美、再有用，但內心裡仍然會有一
　絲絲不安；雖然你的嘴角仍頑固的掛著笑，卻是深
　深的知道，那謊言恰似一個個浪花激起的水泡。其
　實除了恐懼和空虛，什麼也得不到！

※愛的長河要順著她流，且坐一艘無人掌控的空船，
　靜靜的聽著心靈之歌！

※甚至，在沒有月亮的夜晚，我仍深深知道妳那神祕
　的笑容，依然在雲層的深處綻放著皎潔光芒。

※沒有夢的日子，你將會害怕，害怕它……太真實，
　人們知道夢是假，偏沉溺其中不願醒來，還囈語連
　連；是的，當每個人都說著夢話，而你卻清醒時，
　那真是一件難以想像的事！

※也許，沒有了夢，你將一無所有；然而，到那時你
　才真正活出自己，真真實實的活出每一個片刻。

※活在每個當下，生命變真實了；覺知，在每個呼吸
　間看著，要專注地。那麼，就不會錯過此生，白白
　走一遭。

悟（1）

※修行不在念經，在求其放心；修行不在禮佛，心中便有佛。

※聽那無聲之聲，聽那無言之言，天地萬物皆我師焉！

※率真之人離道不遠，聰明之士背道而行。

※真理比比皆是，明明朗朗，只需用心觀照！

※來也空，去也空，山河大地盡皆空；悲也空，歡也空，青春歲月盡成空；名也空，利也空，到得那時在夢中。

※不要只看結果，而要細細地看原因。看結果的人，只想坐享其成；看原因的人，是一心要找方法。

※洪水潰堤之後，除了要呼籲政府搶救與補救外，更要往上游看看造成的原因，再仔細思量，究竟這個世界上，還有幾人會發自內心，去關心別人的生命與財產！

悟（2）

※其實不需要讀歷史，現在只是過去的翻版；爭名奪利古今皆然，優勝劣敗自然淘汰；歷史，不是一門學問，只是人性的表露！

※除非人的思想真的變了，否則情況是不會變的；除非人心徹底提升了，否則這個世界岌岌可危。

※知道自己的缺點，遠比別人張揚我們的缺點還要重要。別人想張揚你的缺點，就足以證明你在她心目中佔有重要的地位，也證明了她只剩下「揭人瘡症」這個可憐的娛樂！

※洪水改了道，並不是它自己開的道，它只知道向下奔流，而人類卻不會引導。

※山河變調，家園哀嚎，受難人家空淒寥。社會苦難千萬條，何時了！哀怨之聲遍野繞！

※如果你知道自己是神聖的，那麼，別人不可能侮辱你；如果你知道自己是神聖的，那麼，就應該尊重你自己。

悟（3）

※追尋真理之路非常顛簸坎坷，需持智慧之劍、飲慈悲之美酒和勇氣之甘泉，靜觀世事始知空無，能知空無，無有善惡執著，方得自在，就不為世事所擾。

※上帝創造了萬物。但是如果你問祂，祂自己可能也說不清。喔！也許祂不會忘了，那只會給祂帶來麻煩的人類吧！

※要尊敬一個人，如同尊敬大自然一樣；而現在，要緊的是學習尊敬大自然。

※如果身無分文而且沒沒無聞，那時，你將如何向人介紹你自己？

※高大挺拔的大樹，雖想屹立不搖，仍禁不起颶風撒野，應聲斷裂；卑微的小草，躲藏在大地的懷抱，依然嬌羞含笑。

※輪胎有了空氣人類才得以遠行；氣球有了空氣才得以飄向高處；地球有了空氣，萬物才可以生存；宇宙裡有了「空」，千萬億數的星體才得以形成，人類了解「空」的奧祕，便可以與天地合一。

悟（4）

※蔬菜水果要新鮮，吃了才不會生病。人的思想要靈活，頭腦才不會痴呆。

※光也是一條流，但是，要用心才看得見。

※其實沒有時間這種東西，它是人們的分別心所產生的概念。

※黑暗中的繩子，雖然看不見，卻可以讓人絆倒。

※空的竹子，才可以做成笛子，吹出美妙的音樂。

※沒有任何目的，然後才去做事，這樣才不會誤入歧途；就好像天空的雲彩，不會因為你的讚美而存在。

※就算天下沒有一個人贊同你，也沒有證據說——她們就是對的。

※如果一個人，只從自己的利益出發，那麼，世界就不會有和平的一天。

※用心觀照自己，就會發現自我並不存在。而自己也是屬於自然，那麼就能體會同體大悲，與自然共存共榮之道。

※智慧要向內心找尋，像那天上的太陽，只消撥雲便可見日。

悟（5）

※指著月亮的手，永遠不是月；讚嘆寧靜之美，反而
　破壞了寧靜。

※天下沒有比發現自己存在的這件事，更重要更值得
　慶祝！縱使，你覺得本來就存在，也要去覺察到原
　以為的存在，只是假象不真實，才能讓自己有一絲
　機會，去覺察自己真實的存在。

※獨自在幽暗的旅途中摸索，跌倒了、再爬起，一次
　次檢視傷口，一次次看清自我，原來沒有自我就沒
　有傷口。

※機關團體、社區別墅、郊外小屋，一道道高牆林
　立；國與國間、族群與族群間、黨與黨間、鄰里與
　鄰里間、朋友與朋友間，更有一道道數不盡的心
　牆。

※真想學謙卑，可以想想深海中那些不見天日，讓人
　類喚不出名字的魚類；真想得寧靜，可以試試拒接
　每一通重要通訊，或好友的邀請；真想做自己，就
　要有智慧和勇氣！

※到達終點後才知旅途的難辛險阻，才知到達的方式
　有很多種！

悟（6）

※世界不因你的到來而增加歡笑，不因你的消逝而增加悲傷，你就是世界本身你就是歡笑！

※如果名利榮辱都奈何不了你，快樂的源頭就不遠了！

※不要吝嗇分享你的笑聲，就像花朵不吝惜它的芬芳！

※寧靜而後有智慧；寧靜而後有優雅。

※順著因緣走，好比在水上漂流，你不知道將會遇見甚麼，你不知道將置身何處。

※不要太精明，要學習遺忘的功夫，不過那樣會讓你看起來又癡又傻；而如果你能真的認清，其實精明只是自我的延伸，便能漸漸遠離自我的追逐。

※沒有人能教你怎麼做、怎麼走——假使你還有很強的自我，假使你依舊緊握著拳頭。

悟（7）

※要鼓勵一個人，需要因緣，需要周遭許多人的智慧！而要傷害一個人，只需一張有心或無心的大口！

※下定決心做自己，然後才會發現，這竟是一件畢生都要努力的工作！

※壓力如果來自外在，未免太過可憐；如果來自你自己，就得仔細查看它的來處。

※往內看，能看見你自己，你就成功了！不然世界上，還有其他成功的例子嗎？

※沙漠中的海市蜃樓，是鼓舞旅者蹣跚前行的動力；生命的旅途中，何嘗不是一個又一個的海市蜃樓，才能讓人們在苦中作樂、共築一個夢幻城堡！

※不要「提起來」，否則，就多了一個「放下」的課題！能夠連「放下」都忘了，才是功夫到家！

悟（8）

※心中有圖畫，心中有音樂；最美的圖畫來自心中，
　最好聽的音樂來自心中。

※做自己的主宰，生命才會發光發亮。

※不要鸚鵡學話，不要攫取別人的話語，你可以有截
　然不同的思維！

※真理沒有一條固定而便捷的道路可通行無阻；沒有
　一件恆常不變的世道可遵循不悔。

※珠寶的價值，只在那些為她著迷的人而已；然而，
　那些著迷珠寶的人，總以為那些珠寶將會為她帶來
　更多的價值和好運。

※物以稀為貴，珠寶是如此，感情是如此，天下萬事
　萬物莫不如此；如果人不是那種好奇的動物，世界
　就不會這麼熱鬧多事。

※凡事用心，那麼只算是個認真的世俗之人；了知心
　無實相，不染不著、輕鬆自得，方是世外之人！

悟（9）

※不懂得尊重別人的人，其實是不懂得尊重他自己；
不懂得愛別人的人，其實是不懂得愛他自己。

※所有的光源，雖有不同的亮度，卻同樣有著驅除黑
暗的光芒。

※真正了解的人知道——關於「道」，他們一個字也
沒說！因為一說就錯了。

※生命中可以確定的一件事是——生老病死、人生無
常！

※歡笑中沒有夾雜著念頭，就盡情歡笑，忘卻自我！

※太極生兩儀，兩儀合太極。黑中有白圓，白中有黑
圓，曲線求中庸，輾轉在互動，構成圓融太極圖。
深闇其玄理，世道必太平！

※太極衍萬象，萬象源太極；不二法門，萬法歸一，
一歸何處？

※貪、瞋、痴，人之三毒，無始無明，可不戒慎恐
懼？

悟（10）

※世界都安靜下來後，就聽得到大自然演奏的交響
　樂：答、答、答──嘩啦嘩啦、叮咚叮、唰啾──
　唰啾──、嘎伊嘎伊，聲聲入耳清悅！

※上帝給了人們無窮的資源，而人們只是無窮的繁衍
　和破壞！

※無知一招手，所有的惡習，統統回籠！

※奇怪而可笑的是，去跋山涉水、歷經驚險，才能感
　受到生命，才能得到刺激和快感。

※不知道把「視死如歸」叫做「勇敢」，上帝會同意
　嗎？

※強調自尊，必是自卑之人！

※有些人一直在找尋快樂；難道她們不知道，快樂和
　她們零距離！

※好愛花，小心的摘了盛開的花朵，她卻逐漸凋萎！

悟（11）

※盛開的花朵，無論晨昏，總是分享著她的歡欣和喜
　悅；田野間蛙叫蟲鳴，歌頌著造物者的神奇，竟成
　一曲曲田園交響曲。

※當你不再有所追逐，而後就有一種說不出的優雅！

※放鬆，才得自在；放鬆──是沒有任何壓力、無所
　求、沒有慾望，是把天下都忘了。

※無路可逃的時候，我們才會正視問題的存在吧！

※捨不得吃下鮮豔欲滴的紅草莓，那就只剩爛的可以
　吃。

※你認為是旗竿上的旗子在飄？還是風在動？或者是
　你的心在動？

※那麼，你所歡喜、悲傷，你所憤怒、恐懼的一切，
　是別人造成的？還是你的心，所產生變現的？

※我喜歡聽落葉飄落地上後，一片靜寂的聲音──像
　彩蝶追逐花香！

悟（12）

※全然的接受自己，因為你就是存在本身；存在——
不屬於頭腦；存在不屬於未來；存在——只是輕鬆
自在，活在當下。

※無知的人，總以為自己什麼都知道，深怕——別人
不知道他；真知之人，連世界全都忘了！

※宇宙萬物，無私地奉獻自我，即使連一張感謝狀也
沒有，自然之道也不會稍有差錯。

※相信——必存在著不信。相信別人，其實就是自欺
欺人；你只可能確信自己，別人才會信任你。

※表面上，拿言語的劍去傷人，對方似乎受傷了；正
當他為此得意時，其實他忽略了，大家同時更注意
到那個提著劍的人，正張牙咧嘴的模樣。

※「吃虧就是佔便宜」持這種觀點，依然沒有擺脫
「佔便宜」的念頭。

悟（13）

※寧靜的山一句話語也沒有，一瀉千里的瀑布，幫她
　唱出喜悅之歌！

※眾人皆醉我獨醒，那麼大家必然笑我太荒唐，而
　我，也只能大笑？

※是誰？在你內心吶喊咆哮；是誰？奪去了你的歡
　笑；是誰？令你一次次陷入煩惱；倘若看到了──
　還有誰值得去費神懊惱。

※世間絕妙的景色一直都在，特別是在人煙杳無的荒
　境，倘若你不去探詢便不知它的存在，甚至把它視
　為荒誕怪談，那便不足為怪了。

※懂得去欣賞親近一個自在知足的人，必有他的智
　慧；積極學習、充實各項才能的人，總是看到了自
　己的不足！

※不斷追求真理的人，終將發現那是一場「空無」的
　盛宴。

※「空」和「有」是並存的。「有」顯示出「空」，
　有「空」才有「有」。偏執「有」不知「空」，就
　失去和諧完整的人生！

悟（14）

※無情的風雨沒有心，它讀不出人們的心語；它不懂道德與慈悲；它不知是非與善惡；它沒有目標和規劃；它，從無而生又消失於無形，你說它究竟是有？還是無？

※風不息，雨不止，惶惶人心幾時寧。歸不得，淚不停，太平之世民堪憫！任憑哀怨遍野，依舊風狂雨急，是真聽不見？是真無情？

※路塌了、橋斷了、屋垮了，而那一顆顆緊緊相連的心橋，卻沖不塌、沖不斷、沖不垮。

※那些已經一無所有的人們，到底還眷戀著什麼？讓他們甘願冒生命的風險，一次次徘徊在痛苦的深淵！

※經歷了數不盡的滄桑後，還有誰再說『人定勝天』這種蠢話！

※生命──彷彿只剩下『謀生』這樣可憐的「價值」──倘若你還認同這算是一種價值的話。

悟（15）

※世人都不喜歡聽真話，於是，每個人都成了說謊專家；世人都不喜歡真相，於是，每個人都活在編織的夢幻世界裡！

※眾鳥高飛後，你看到了什麼？竹林嘎嘎作響後，你聽見了什麼？

※其實，不是黎明趕走了黑夜，而是你心中有了黎明與黑夜！

※宇宙中，存在著一切你所想像得到與想像不到的情事，就好比人類一樣。

※人們設了許許多多的陷阱來殘害同類。喔，對了！他們會聰明的在它的上面，做出許多讓人覺得親切、歡喜的裝飾，好讓他們沉迷在美麗痛苦中。

※如果時機湊巧，夜空中的流星，會向正在許願的你，說些什麼？

※自信的人沒有自誇的需要；有智慧才有自信；了解宇宙自然之道，才是真智慧。

悟（16）

※仔細的看著自己，隨時隨地；久了，將會驚訝的發現，自己全然不了解自己；其實，奧祕的不只是遠於身外的浩瀚宇宙，同時也是深不可知的身體、心理與靈性。

※烏雲、陣雨、閃電、打雷、風和、天青、日麗、彩霞，會讓你有一番起起伏伏——憂、哀、惡、愛、喜、樂種種，這循環不已的情愫，要不被束縛，方得解脫！

※無為而為，讓生活成為一種享受與自由；觀照呼吸的氣息，精微而輕緩，內外合一，思慮盡亡，則自在喜悅從心底湧現。

※追尋快樂，快樂卻彷彿一陣風，偷偷從門縫溜走。也許，不需去追尋，只需認清自己，原本就置身在「快樂龍捲風」的中心！

※放開來，去笑，好看見你自己，好讓你原本以為複雜的世界，從全新的角度重新建構，它會像被放置了炸彈的大廈，瞬間灰飛煙滅，那時——「豁然開朗」，再沒有一個障礙物在心田。

悟（17）

※花朵說：「雲朵雖美卻不切實際。」藍天聽了很不
　服氣：「她一直在我懷抱裡！」青山也嘆了口氣：
　「清澈的流水總是匆匆而去。」大海說：「只因為
　有高有低，世界才有了生氣和美麗！」

※每一個人最想抓住的，大概是那任誰也抓不住的愛
　情和分秒老去的歲月！

※每逢生日時，不管你許了幾個願望，它們真的成真
　了嗎？

※或許你我都太過忙碌和認真，而忘了去欣賞彩蝶多
　姿的舞蹈，忘了去聆聽寧靜的美妙。

※人們總是如此學習，也清楚而堅持著自己想要的；
　卻不曾教受如何放下的智慧與技巧。

※脫離世俗便覺得安寧與歡喜。時時刻刻清楚地看著
　自己，漸漸的世界就單純清靜起來；功夫深了，自
　己與周遭一切的界線逐漸消失，而融合成一體，那
　便物我兩忘，初嚐「道」的滋味。

悟（18）

※世界上彷彿有得失，其實仔細看一看，宇宙自然萬
　事萬物自有其平衡，又何嘗有得失可言！

※溪水奔流而去，江海會給予熱情擁抱；水氣騰空而
　起，江海報以歡喜與祝福，她深知生生不息，沒有
　消長，只是循環不已。

※經過一次次淬鍊，水火相逼，才有刀的鋒利；歷經
　一次次打擊，內外觀照，才達真知見地。

※細細去聽無聲之聲，
　那是枯黃了的葉，
　怡然飄舞
　在秋風中的歌聲！

※聽一聽，和諧的弦音
　悠悠傳自，每個人
　靜謐的湖心。
　細細聽……再聽……

悟（19）

※是的！真理是矛盾而不合理，合理就不是真理了！

※過往的一切，其價值就在於它曾經在你的身上經歷過；它的價值超越了喜怒哀樂，超越了得與失，超越了你我。它顯現了那不可說的！

※不要為那蒸騰而上的晶瑩露珠哭泣，整個天空正展開雙臂為她熱烈慶賀！

※學習遺忘的功夫，好讓你把整個世界都忘了，那時你才能見著真實的自己。雖然，大家都追逐世界，跟著世界走；叛逆，做你自己，需要超凡的勇氣。

※逆流而上，不但危險費力，且有瞬間翻覆的可能。隨著流水，但需時時警覺，讓它帶你到達想去的地方。

※努力的剝開，剝開那一層又一層的洋蔥，最後才發現──人類窮一輩子的追求，是那一層層被剝落棄置的洋蔥。

悟（20）

※月兒啊！妳的嬌與媚，就在於無時無刻千變萬化的
　容顏。仔細端詳妳的臉，感謝造物者，對世人的宣
　說，苦口婆心，一遍又一遍。

※親愛的，不要只把一隻腳放進溪流裡，另一隻腳卻
　想追著風跑，這樣的清涼，甚至還沒經過你的大腦
　——因為滿腦早已填滿追風的快感與幻想。

※每一個自己，已經是那般浩瀚廣大；被一層又一
　層，似真卻假的外在所包覆，恰如同宇宙般奧妙；
　去認識自己的浩瀚，深深的、靜靜的看著自己，有
　一天就會看見浩瀚的宇宙。

※不用花錢費心的去旅行，因為自己的內心世界，才
　是最好玩刺激的地方！

※越來越專注，越來越安靜，心靈的眼睛，就會越來
　越清晰；心中再無可立錐之地，只嗅得到芬芳的氣
　息。

※是的，你和我的身體，分隔兩地；你和我的心，如
　天與地；但是，我們卻脈息相通！

悟（21）

※親愛的，無須誇耀能背負多重的負荷，而應該要認真想想，如釋重負的快感。那些負荷，其實是你去撿拾來的，一個個大大小小的石頭，也許那些石頭幫了你——可以揮揮汗、可以數數石頭、可以在上面畫畫圖、可以……其實，就算你認出是石頭也罷，你並不想丟棄它，因為那會讓你看起來一無所有。你真正怕的是，一無所有——而那才是真正的你！

※撿拾東西，需要衝動和傻勁；丟棄東西，則需要智慧和勇氣。

※就算是丟了鑽石，也可以找到令自己快樂的感覺，那也是一種如釋重負的感覺。

※分不清楚寶石和石頭，於是，大家拼了命的撿石頭。真正的摩尼寶石是無形的，它沒有重量、也是無價的。

※口渴了，就喝喝茶；風來了，就吹吹風。如果歡喜滿懷，就謝謝天的美意吧！

※靜下來，好聽得見，自然的樂章。笑開來，盡情分享，無盡的喜悅！

悟（22）

※心裡的「空」越來越大，快樂就會越來越多。

※其實，生命中沒有難題，只是，自詡為萬物之靈的
人類，因著複雜的思緒而顛倒。除非他們能把自以
為是的思想，再一次做徹底的顛倒！

※不同世界的人，根本無法了解對方；好比一個住在
山谷裡的人，和一個住在高山上的人，就算偶然有
了優美的邂逅，有歡喜與交流，也無法了解對方，
因為高度造成了隔閡；除非山谷裡的人，也願意冒
險一試，攀上頂峰。到那時，誰還用得著言語？

※苦的是，山巔的清涼，無法掬一點與你分享；痛的
是，話語的不足，總讓人添油加醋。噓……看！花
朵上的彩蝶正在飛舞……

※追到世界的盡頭，那裡一定空無所有；而一心想遺
棄世界，卻處處都找得到世界的影子！

※親愛的，你嚴肅的口吻，變現出世界種種；而那一
些，其實是你變現出來的世界，只是海市蜃樓，那
對我一點用處也沒有。

※不要為誰而做，不要為任何理由而做，讓它只是自
然呈現，就彷彿，微風吹起那般。

悟（23）

※風雨交加的夜，才暫停歇，多雲的天空，驚贅含羞的彎月，偷偷的露了臉，興奮的我，看得愣了、呆了！在這樣一個漆黑的夜裡，自己是天下的寵兒——有幸瞥見那從太陽灑落在月兒的絲絲溫暖，那一瞥即是永恆，充滿喜悅、希望與感謝。

※光，來自太陽，是地球自己轉動了，才有了黑夜，光，一直都在；黑洞，吸收所有光線，它一直都在；是的，你也是那唯一的，令人尊崇的存在！

※追求自我，痛苦的腳步也緊追而來；放下自我，滿足的喜悅已不請自來。

※雲彩啊！可知你曼妙的舞姿，令人嘖嘖稱奇的豐富面貌，或大鵬展翅或龍鳳呈祥……是的，幻化的世界與自我，不也是另一番雲彩嗎？

※輕捧著沁涼的溪水，卻滑過我的指縫，剎那又剎那，那麼究竟能抓住把握的是什麼？喔！是那個——你想抓卻抓不住的當下！

悟（24）

※目標在東邊，如果你執意朝西走；那很好，一點問題也沒有，因為地球是圓的——你有選擇浪費生命的自由。「殺時間」，其實只有你自己的生命被扼殺。

※愛的最高品質，是——「超越愛」，要成為愛的源頭活泉，不要變成死氣沉沉的「一池秋水」。

※大自然的演說精采絕論，要用靜心去觀照，用無心去聆聽，讓真心撼動。

※雲層厚了，雨就翩然而下，烏雲幻化成了清涼水，一路高唱幸福的歌，我也隨著自然的樂章，在靜靜的夜裡，在宇宙的角落，獨自唱和。

※也許是沒有勇氣，人人都被各種欲望之火，燒得灼烈，熱鍋上的螞蟻，應該只求將烈火退卻。

※虛空中本沒有雲彩；那花花綠綠、形形色色變現大千世界，要盡情觀賞，卻也要有一雙穿透世界的慧眼。

悟（25）

※在深深的愛之中，找不到人的存在，只有一股愛的
　能量交融了，再也沒有彼此，這是最終的境界！

※風吹來了，嗯！對我好溫柔！好感謝，但是一句話
　也說不出口。

※悲傷如此龐大深刻，正如愛一般；但是，他們一點
　也不否定快樂的存在，因為喜悅就是你的本質！

※看著心，不要看著頭腦。讓心成為直覺反應的，而
　不是停留在情緒感覺裡。

※如水一般順著流，有了阻礙，就會順勢奔流，在她
　眼裡一點問題也沒有。

※喔！有問題的，一定是你的頭腦；成為崇高的
　「空」，沒有頭腦，沒有思緒，沒有情緒，然後可
　以享受每一個片刻，歡慶生死。

※哪裡也不去，沉浸在寧靜的喜悅中。那是永恆無盡
　的住所。

空弦

與自然共鳴

無名子

襁褓之時記憶新
母親哺乳嫌噪音
五歲離家實叛逆
自有主張無恐懼

人人升學我參禪
視為畏途圖書館
所學為何蒼天問
人生幾何休苦鑽

生死交關感惡少
放下屠刀向正道
方值年華一十八
一念之仁險惡遭
冥冥之中有善報

精進修道心魔擾
分分秒秒苦裡熬
如人飲水只自知
慧劍斬盡悲為禱
雙腳站穩空中飄
無始無終道逍遙

身在杏壇好修行
教育貴在平等心
愛是芬芳快樂種
喜當園丁歡笑送
誰是自然無名子
一番風雲天地共

極樂國度

極樂國度	方寸間
苦樂感受	心幻現
真心無執	存正見
頓超三際	離兩邊
也無中間	無思量
思量便落	念中妄
真妄一體	元性中
了知遍處	真實境
無妄無真	法亦泯
桶破水空	心自亡
絲絲糾結	自脫落
層層剝落	空無現
智慧無邊	在心田
極樂國度	無界限

勿癡迷

苦口婆心　說分明
醉漢依舊　夢中迷
囈語連連　笑又淚
無中生有　假當真

拔苦與樂　知無常
此心是佛　須承擔
佛即覺者　不思量
無念當下　三際滅

過去現在　未來心
三者皆幻　如煙雲
無心無念　起妙用
不可得處　顯一真

生命之歌

來去如風　身瀟灑
生死無別　同一家
娑婆化成　佛淨土
不動則無　淨穢差

自性彌陀

法音宣流
日夜無休
淨廣圓智
自性彌陀
如何不識
貪執我有
生生世世
輪迴窠臼
心魔所惑
一念不生
性無淨濁
當下自由
不受拘囚

空性

無念念即正
有念念成邪
無風亦無浪
眾生圓根性
一念世界生
紅塵滾又滾
念念皆空寂
夢幻泡影去
正邪俱拋棄
直入真實境
無妄亦無真

生死輪

英雄豪傑逐功名
市井小民謀生存
蜉蝣紅塵假當真
生生錯踩生死輪

道中人

為而無為　真道行
己立利人　慈悲生
道法自然　無一事
人我合一　現太平

自覺

一念自覺　身自在
萬緣放下　心解脫
淨土遍現　虛空界
禪本無門　方便說

成佛頌

人人是佛　我是佛
你也是佛　他是佛
成佛猶如　大夢醒
以假修真　方便說

詩意

文字淺而精
意境廣且深
真理無一句
掌中有乾坤

逍遙偈

天龍不磐蛇穴
鳳凰不與雀遊
凡聖同居娑婆
清蓮挺出污濁
一心億萬魔所
淨念立登佛國

你我本是佛種
莫要貪執蹉跎
有貪便落生死
無念知死即生
當下即心即佛
無來無去無空

圓緣

空無一人滿室香
卻聞眾鳥齊聲唱
難得浮生半日閒
醉臥世間心不狂

夢遊

同遊天地好伴侶
空空如也無所懼
來來去去一場夢
夢裡哭笑誰人與

無修證

並無修道無心證
行住坐臥本空行
無悲無願體無生
一切自然風雨聲

無一樂園

旭日東昇春意足
兩個傻子無一無
翹板高低法平等
來來去去心如如

妙音

沒有等待　當下存在
鳥兒吱喳　蛙鳴呱呱
無一不在　宇宙說法
世出世間　無礙無罣
此心非心　不是空花
知音無一　子期伯牙

無住自安

安住心靈身自覺
居家隨性體空諧
平臥草地仰天笑
飛鴿傳來一無解

禪心樂

象棋王子山中眠
信手拈花詩成篇
坐擁天地禪心樂
更比美酒香陳年

福田

春到人間百花香
福臨宅第善因長
心地耕耘無窮樂
醉吟詩書聲朗朗

贈父親逸德居士

智水鄉林六十載
清心寡欲何所礙
寒冬不畏風雨急
慧光依舊送春來

俱是

佛本離文字
你我皆佛子
語默動靜處
悉皆蓮花紫

本然

若笑若不笑
似擺非真搖
舞在心中跳
佛本不外找

藏性

釋迦佛日逢今時
修得涅槃成道師
傻裡真心徒精進
覺知藏性無一示

空花

綠都樂園覺空花
須彌芥子皆寶娃
菩提自性觀自然
無一一無笑哈哈

活佛即心

每每當下皆極樂
活佛即心笑呵呵
談天說地品茗去
瀟灑自若無一歌

隱者

漁翁夜傍西岩宿
曉汲清湘燃楚竹
煙消日出不見人
欸乃一聲山水綠
迴看天際下中流
岩上無心雲相逐

柔情似水

筆觸輕點柳枝頭
鴛鴦戲唱綠水波
真假一如無處說
君在心田雲水柔

一切都美

雪融於旭日之輝
葉舞盡春風之微
生命訴說存在妙
一切實在不虛偽

佛子

百合心照傳清香
海堤彼岸如如當
初鹿覺道赤足相
彌勒觀音菩提航

不可言處

蟬聲唧唧遍地鬧
書聲朗朗不知囂
覺與不覺平等性
不可言處誰知曉

如如本性

綠庭靜坐聽空竹
宙宇內唯見一無
無一金石心堅固
觀與不觀皆如如

自在人

玩玩文字好閒情
恬淡安然獨品茗
身心皆忘自在人
簫聲低吟山水迎

一無一

無一虛空懷
滿腔都是愛
江水流不盡
空心何能載
欲乘風舞來
寒冬九霄外
一無一雙胎
千古怪誕哉

存在之美

不解文章不識字
風花雪月無一言
只見天邊烏雲聚
霙霙細雨飄綿綿

借假修真

浮生若夢一場空
借假修真勤用功
當下體證佛性種
朗朗乾坤在掌中

乎伊去

雨迷離　百花新
風欲息　人兒親
愛意更勝千萬語
乎伊去　憶師情
依稀迴盪在心底

愛彌陀

念念無一誰是我
隨緣相伴同心臥
廣開有情渡船頭
水性如海愛彌陀

金剛佛種

禪愛無人我之私
一切無故般若智
金剛佛種藏自身
如人飲水且自知

菩提何物？

晾衣春風拂
掃地鳥語入
逸然而處之
菩提問何物

自心佛

無盡言　在心間
要謙恭　無哀怨
人事物　俱示現
懂禪機　無一勉
何人教　何人受
一皆無　心自寬
妙自在　相無邊
法無窮　師無範
但無心　光無量

自強不息

天地運轉　自強不息
愛君懇切　身心珍惜
昏昏欲睡　神不顛倒
如如之境　遍是靜寂

師徒愛

運轉天地如如鼎
任重道遠薪薪青
同步同修師徒愛
傳心傳真傳叮嚀

妙心

心心相印是兒家
佛心彌勒光明大
觀息出入亦無觀
禪非禪功非禪法

自然法

看似無形亦無情
體證虛實辨分明
雙傻混揉成一體
氣定神寧自創行

演愛

笑聲戲碼無一愛
悲心菩提一無在
兩傻一道擺棋演
花香傳來真心派

幸甚

漫漫世間路
步步修行旅
幸君同高歌
千古嘔心曲

世人

世人多聰明
腦袋裝機靈
不肯傻裡修
空然費精神

贈無一

無為而為法自行
一介禪師首推君
真修實煉好本事
棒喝柔言皆愛心

如常見

日日復年年
耕耘此心田
種得因緣果
一一如常見

不增不減

雙胞知心懸懸念
心無罣礙如如蓮
真如紅塵細細驗
不增不減樂天天

無一法得

無一法得真實在
一無所知宇宙愛
法本自然草木栽
哪裡笑聲傳心來

贈慧一達一

慧一天然慈悲跑
達一自在隨緣笑
此生此地逢君好
感恩天地一切妙

象棋王子

嘿嘿唷唷唷
眾人世間遊
來去本無蹤
浮海一扁舟
無一佛心頭
慈悲無所求
舉棋同歡樂
童心自忘憂

空境

天然美景不勝收
心湖清淨萬境休
一步一印隨風流
縷縷輕煙誰擁有

心勒

峰迴路轉真心指
風雨色變唯愛至
如夢初醒覺心勒
師徒相守誓永誌

一如

說與不說都一樣
一花一草皆是禪
知和不知又何妨
沉默喧囂也一般

遍覺

心瓶盈香天地滿
禪雨詩意遍地卍
菩提行修鳴鐘覺
溪聲不歇聲聲幻

遍在

草木沙塵遍地在
野艷純香不忍摘
如如本然無動靜
雨過天青彩虹來

淨心香

心不隨境人中王
勒守門戶誰對望
文采揮灑似妙舞
才高皆由淨心香

無一調

禪味瀰山濃
霧漫塵土重
遙聽無一調
唯心幾人懂

偶遇奇僧之一

赤腳雲遊十方界
無法無天羅漢鞋
降龍隨緣蒞此境
笑看世人不停歇

偶遇奇僧之二

濟公禪師巧示現
一把妙扇來結緣
走走停停破呀破
照破山河顯大千

獨行俠

明心黑洞獨行俠
非冷非熱無情夏
破繭而出實相明
濟癲法理禪悅傻

放下菩提

心在彌勒自在旅
無有消息無風雨
來自任來去自去
放下菩提心樂居

虛空不動

誠心勒戒法本然
守住真心超神天
風雨過後平常現
虛空不動絕智天

贈心勒

心勒佛寶光明在
牽手同心一道邁
內外一如真心照
明月依舊笑顏開

空寂

獨坐案前聞君言
青山只在此心間
天大地大如芥子
更無聲塵落空田

贈象棋王子

象棋王子山中眠
信手拈花詩成篇
詩如酒香傳千里
坐擁天地臥心蓮

知音難遇

十年修得同船渡
百年緣得共枕眠
千年尋得一道者
知音難遇勝萬年

真心何物

空裡真心是何物
隨風淡然平常無
當下存在天地伴
宇宙人和便禪乎

回歸

回心轉意快速歸
心心相印待君回
一切都好秉正念
無法無人自心田

破

淨穢平等皆一如
行與不行煩惱無
一一打破真實現
活佛自心體空無

苦口婆心

愛語千千萬
徒兒聲聲喚
平常真心地
紅塵極樂觀
彼此相知勉
舊習互規勸
如如無文字
只得錦上添

沒有祕密

花絮隨風舞紅樓
萬丈長江滾千秋
無時無刻演真諦
明明朗朗話從頭

無一是處

無修無證皆自在
無法無天心自愛
無心無名緣何求
無一是處遍地開

當機

浮生若夢半有無
活在當下隨緣邁
冰水不二法空相
立己利人心門開

迷霧

永恆之樂忘心所
一無所有離塵我
無我無人無眾生
世人迷霧為著何

感念師恩

虛空粉碎大地鏡
能所雙忘天然行
感念師恩彌陀愛
一切平常無無明

傻人

潺潺溪流寒草低
十信願力問菩提
近水明月星相伴
唯師聽得傻人理

故人調

飄飄浮雲知天高
迢迢千里伴路遙
寧靜相陪夜色凝
幾人聽見故人調

唯知音

悠遊山間有誰問
無我無人修何聞
自在空然六度心
懂與非懂唯知音

自在行

雲淡風輕無一行
水自天來萬色清
俗念塵緣本不住
綠堤月圓滿光明

逍遙

定靜安中慮自得
清風拂面任高歌
一曲逍遙唯心樂
品茗山林邀人喝

空見

一念娑婆在眼前
無求萬事自然圓
空心妙蓮十方現
覺世夢醒一念間

無染覺性

如如實地無風雨
心生法生墜紅塵
如履薄冰觀心趣
無染覺性離假真

心海妙

雲水千山走一遭
花紅柳綠不需找
滿室春光無限好
天地一家心海妙

真如不變

是時候因緣
風吹而草動
山自山　我自我
山合我　同塵土
山我空　本大同

慧命

多一分寧靜
增一分生命
多一些智慧
增一些光明
多一點悲心
增一點祥和

燃眉

無念念即正
有念念成邪
天真善童子
本性終不滅

如如空性海
波波智慧相
從來沒生死
唯有業隨身
悟道燃眉急
無常似幻心

空有大師

空不異色色即空
有無不二權為中
大而無外小無內
師乃天地一仙翁

法輪常轉

給人痛苦身先困
與人歡喜慈悲門
悲智雙運入中道
紫蓮端坐轉法輪

簡譜歌曲

唱出自然喜悅

吾不諳音律，惟藉以傳達內心之歌，祈願世界更和諧，
人人自在歡喜！其中謬誤之處，尚請見諒！

菩提心語

C 4/4　　　無一調　　　—無詞曲 2012

<u>32</u>｜1<u>6̣2</u>2<u>5̣6̣</u>｜1 <u>12</u> 1 − ｜1 − − <u>5̣6̣</u>｜

　　　　　　　　　　　　　　　　　無法

｜1 <u>1̣6̣</u> 1 <u>5̣6̣</u>｜1 <u>1̣6̣</u> 2 − ｜<u>32</u> <u>1̣6̣</u> 1 − ｜

又　無　天 歡笑 滿 人　間，　哈 哈 哈 哈 哈

｜<u>5̣6̣</u><u>1̣6̣</u>2 <u>35</u>｜6 3 5 <u>32</u>｜1 <u>6̣2</u> 2 <u>5̣6̣</u>｜

哈哈哈哈哈，煩惱　踢 兩　邊，心 中 如 意 蓮 人 傻

｜1 <u>1̣6̣</u> 1 <u>35</u>｜6 3 5 <u>32</u>｜1 <u>6̣2</u> 2 <u>5̣6̣</u>｜

卻　不　呆，灑脫 又 自 在，行 腳 走 天　涯，悲喜

｜1 <u>12</u> 1 − ｜1 − − <u>5̣6̣</u>｜

全　為　愛。

C 4/4 輕快　　**逍遙歌**　　　　　一無詞曲 2012

$$| \underline{1 \cdot \underline{1}} \ 2 \ 3 | \underline{56} \ \underline{532} \ - | \dot{1} \cdot \underline{\dot{1}} \ 5 \ \dot{1} | 6 \ \underline{1\dot{2}} \ \dot{1} \ - |$$

$$| \dot{1} \ - \ - \ \dot{1}\dot{1} \| {:} \ \dot{1} \cdot \underline{6} \ 5 \ 3 | 5 \ \underline{11} \ \underline{112} | 3 \ \underline{56} \ 5 \ - |$$

簡簡單 單法自然，平平凡凡 得 心 安，

$$| 0 \ \underline{65} \ 6 \ \underline{1\dot{2}} | \dot{1} \ \underline{65} \ 3 \ - | - \ - \ \underline{11} \ \underline{12} |$$

歡 歡 喜 喜人生 過，　　 自自在在

$$| \underline{565} \ \underline{32} \ 1 \ - | - \ - \ \dot{1} \cdot \underline{\dot{2}} | 3 \ \underline{56} \ \dot{1} \ \underline{\dot{2}3} |$$

逍　 遙仙，　　　 鬢 白 不 礙灑脫

$$| \dot{1} \ - \ \underline{56} \ \dot{1} | \dot{1} \ 5 \ \underline{6\dot{1}} \ \underline{65} | 3 \ - \ 1 \cdot \underline{1} |$$

志，　 隨 緣 聚散如 雲 煙，四　海

$$| 2 \ 3 \ \underline{56} \ \underline{53} | 2 \ - \ \dot{1} \cdot \underline{\dot{1}} | 5 \ \dot{1} \ 6 \ \underline{1\dot{2}} |$$

一 家 皆 兄 弟，嘻 嘻 哈哈樂 天

$$| \dot{1} \ - \ - \ \dot{1}\dot{1} :\|$$

天 。

C 2/4　輕快　**處處是家**　　　　　—無詞曲　2012

| 3̲6̣̲1̣ 2̲2̲2̲3̲ | 1 — |

| 3̲3̲2̲1̲ 2̲0̣ | 3̲5̲5̲6̲1̲2̲0̣ | 5̲6̲1̲2̲ 3̲2̲ |
究竟他　是誰？　到哪兒都能　睡，　管他天南 地北

| 3̲3̲3̲ 2̲1̲2̲ | 3̲5̲6̲3̲ 2 | 1·1 1̲2̲ |
白天或　黑夜，　根本沒差　別　　天寬　地廣

| 3̲5̲6̲ 5 | 5̲6̲5̲3̲ 2̲3̲5̲ | 3 — |
坦　蕩　蕩，　樂天知命天 涯　床　　，

| 6·6 5̲3̲ | 2̲3̲5̲ 6 | 1̇·1̇ 6̲1̲̇ |
你就　是我　他也是　我　人人　都是

| 2̇ — | 3̲3̲2̲3̲ 5̲6̲ | 1̇ — |
我　，　處處都是我的　　家　　。

C 4/4　　　　笑看人間　　　詞曲：無一 2012

| 22 23 5 23 | 1 － － － |

| 11 12 3 23 | 1 － － 16 | 5 5 0 6 3 56 |
虛日忙忙無中　求，　　寒寒　暑暑　　一春

| 5 － － － | 5·6 i i | 16 12 2 － |
秋，　　　　朝　朝暮暮　了　塵緣，

| 22 23 5 16 | 2 － － － | 11 12 3 23 |
瘋瘋癲癲白了　頭。　　　　輪輪迴迴何日

| 1 － － 16 | 5 5 0 6 3 56 | 5 － － － |
了，　　煩煩　惱惱　幾時　休？

| 5·6 i i | 16 12 2 － | 22 23 5 23 |
清　清楚楚　一　條路，　哈哈笑笑愿隨

| 1 － － － |
修～　。

~ 121 ~

C 2/4 輕快 **幸福寶貝** 詞：一無 曲：濟公調

| 6̣1̣ | 1̣6̣ | 5̣6̣ | 12 | 1 | — |

| 6̣116 | 5̣ | 6̣116 | 5̣ | 523 | 21 |
| 月 兒 圓 | 人 兒 甜 | ，幸福就 | 在眼 |

| 2 | — | 6̣116 | 5̣ | 523 | 2 |
| 前 | 慈 悲 言 | 記 心 間 |

| 321 | 654 | 5̣ | — | 1122 | 32 |
| 句句 愛永 | 遠 | 歡歡喜喜生活 |

| 1161 | 65 | 1122 | 32 | 1161 | 65 |
| 分分秒秒 快樂 | ，夢幻泡影人生 | ，當下就是永恆 |

| 5 | — | 252 | 5 | 02 | 5 |
| 嘿 ～ ～ | 呼嘿呼 嘿 | 呼 嘿 。 |

C 4/4 輕快 **快樂小孩**　　　詞曲：一無 2012

| 6̲ 6̲ 0 6̲ 5̲ 3 | 5̲ 3̲ 2̲ 1̲ 6̣ － | 5̣̲ 5̣̲ 1̲ 2̲ 5̲ 3̲ 2̲ 3̲ |

| 1 － － － ‖: 5̣ 1 6̣ 1 | 7̣̲ 1̲ 2̲ 3̲ 1 0 |
　　　　　　　　我 們 就 是　快 樂 小 孩

| 6̲ 6̲ 6̲ 6̲ 5̲ 3̲ 2̲ 1̲ | 3 0 6̲ 6̲ 0 6̲ | 5 3 5̲ 3̲ 2̲ 1̲ |
天天無憂唱歌跳 舞 ， 青春 不　留 白，當下把

| 6̣ － 5̣̲ 5̣̲ 1̲ 2̲ | 5̲ 3̲ 2̲ 3̲ 1 － :‖
握　自性是佛　人人　是 佛。

C 4/4　　　　靈光乍現　　　　詞：無一
　　　　　　　　　　　　　　曲：一無　2013

```
| 5·6 5·3 5·65 5 | i i i·3 5·6 5 |

| 1·1 1·2 3·5 5 | 6·5 3·2 1·2 1 |

| 1  —  3·5 5 | 5·6 3  3·2 1 |
```
　　　　　　　　一靈　光，愛心　廣，有歡　笑

```
| 6·3 2 1·1 1·2 | 3·5 5  5·6 5 |
```
　有法　雨，景象　歷歷　在眼　前，身安　然

```
| 3·2 1 6·1 2 | 3·6 5 6·5 3·2 |
```
　心如　寂，一無　顏　，在天　邊，率語　聲聲

```
| 1·2 1 — — |
```
　入心　門　。

快樂神仙

C 4/4

詞曲：一無

```
6· 2 1 - | 2· 3 5 - | 56 53 2 6 |

1 - - 56 | 1 - 21 23 | 1 - - 23 |
        我的  夢，可能 太瘋  狂 —      想要

5 - 53 56 | 3 - - 56 | 1 - 21 23 |
飛， 飛在 彩雲 鄉：    我的  詩，是否 太浪

5 - - 56 | i· 2 i 65 | 3· 6 5 - | 6· 3 2 - |
漫， 風花 雪  月盡情 徜    徉： 我 的 心，

56 123 - | 3 - 23 56 | 5 - 21 62 | 1 - - - |
似浮萍飄蕩    但求心 安，平平淡  淡。

‖: 5· 6 i - | 1· 2 3 - | 56 13 23 | 5 - - - |
 誰 知我？ 誰 懂 我？ 江水依舊向東 流，

6· 2 1 - | 2· 3 5 - | 56 53 26 | 1 - - 56 :‖
天 地裡， 盡  情 遊， 神仙快樂般自由— — —
```

國家圖書館出版品預行編目資料

菩提心語 1：心燈‧空弦／一無 著. --初版. --
臺中市：白象文化，2017.10
面： 公分.
ISBN 978-986-358-552-7 （平裝）

224.517 106015472

菩提心語 1：心燈‧空弦

作　　者　一無
校　　對　一無
專案主編　陳逸儒
出版經紀　徐錦淳、林榮威、吳適意、林孟侃、陳逸儒
設計創意　張禮南、何佳誼
經銷推廣　李莉吟、莊博亞、劉育姍、李如玉
營運管理　張輝潭、林金郎、黃姿虹、黃麗穎、曾千熏
發 行 人　張輝潭
出版發行　白象文化事業有限公司
　　　　　402台中市南區美村路二段392號
　　　　　出版、購書專線：（04）2265-2939
　　　　　傳真：（04）2265-1171
印　　刷　普羅文化股份有限公司
初版一刷　2017 年 10 月
定　　價　150 元